我會!我會!
成為家事好幫手

Auntie Van Van　著

ruru lo Cheng　圖

新雅文化事業有限公司
www.sunya.com.hk

給家長的話

大家好！我是 **AUNTIE VAN VAN**！

在我成為一位「家長」之前，由於我的職業關係，伴隨着不少別人的兒子和女兒長大。一切關於他們的語言發展、社交能力、自理能力、行為或情緒相關的問題，都是我的工作範圍，會盡力協助他們解決。日子有功，當我有幸榮升為一位「媽媽」的時候，這些寶貴的經驗讓我輕鬆不少。

當我成為媽媽後，常常自問：「我希望孩子將來成為一個怎樣的人？」我認為其中一個重要的特質是：具有責任心。那麼我們要怎樣做才能培養孩子的責任心呢？什麼時候開始培養？於是我創作了這本書。

多年來的教育經驗及育兒的親身體驗告訴我：教育應從小開始。我們可以根據孩子的年齡及能力，給他們安排適切的責任。所謂「責任」並非單純指被別人安排的「工作」，而是一種真正發自內心的責任感。第一個能幫助孩子培養責任感的地方，就是自己的家！2至3歲的孩子不但精力旺盛，亦充滿好奇心，他們一般也願意嘗試各種各樣的「幫忙」，即使孩子的年紀再小，他們也具備一定的能力，而我們需要做的就是要讓「幫忙」成為孩子的一個習慣，那麼責任心就能自然而然地在孩子的心中植根。

目錄

一 照顧自己，就是幫忙！

二 協助家務，就是幫忙！

三 照顧家人，就是幫忙！

小朋友，你喜歡整整齊齊、乾乾
淨淨的家，

還是亂糟糟、骯骯髒髒的家呢？

真不錯！不如我們搬家來這裏吧！

你愛你的家嗎？有沒有幫忙一起打理家居呢？

原來一個家有這麼多的工作。小朋友，你想變出一個舒適溫暖的家嗎？
那就請你先從學習照顧自己開始，然後你可以協助做家務和照顧家人。

相信自己！你一定會做得到！

一 照顧自己，就是幫忙！ =3

小朋友，如果你想成為家中的好幫手，就要先學會照顧自己。現在，讓我們從最簡單的技能開始學習：試着自己刷刷牙，把每一顆牙齒刷乾淨！

家長小提示

孩子約在 1.5 歲開始，便可以嘗試於每天起牀及晚上睡前學習自己刷牙。你可以為孩子選一支刷頭長度約為 2 毫硬幣直徑的牙刷。如果孩子會吐口水，你可以讓他使用一顆青豆般大的兒童牙膏來刷牙。不過，由於孩子的小手肌肉仍在發展中，自己未必能徹底把牙齒清潔乾淨，他們需要你在早晚替他檢查和補刷一下啊！

刷刷牙

1 把裝滿清水的漱口杯放在洗臉盆的一旁。

2 在牙刷上擠上青豆般大的牙膏。

3 刷牙前，先用清水漱口一次。嚕嚕嚕～小心不要把水吞進肚子裏啊！

4 開始刷牙！

先刷門牙。

再刷外側面。

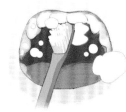

然後是內側面。

最後是咀嚼面。

嚕嚕嚕……

5 最後漱漱口，重複數次直至乾淨。

9

你學會刷牙了嗎？現在來挑戰新任務！
拉鏈就像兩個好朋友互相擁抱，拉上拉鏈，才可以穿好衣服！

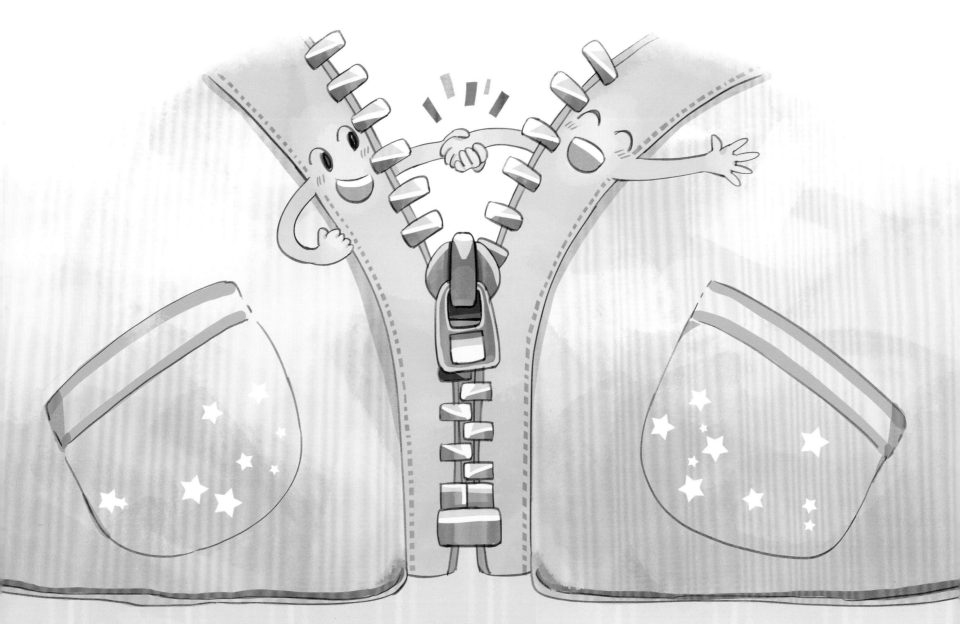

拉拉鏈

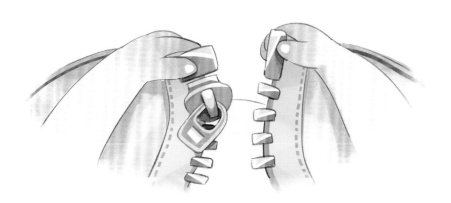

咔

1 首先,雙手的拇指和食指分別拿着左面的正方形小箱子和右面的插棒。

2 把插棒插進小軌道,然後你會聽到「咔」的一聲,插棒到達小箱子的底部。

3 這時,右手手指繼續拉緊小箱子的底部,左手手指拿着拉鏈頭,輕輕地把拉鏈往上拉。

家長小提示
AUNTIE VAN VAN

2至3歲的孩子可以嘗試自己拉拉鏈。很多時候孩子在拉拉鏈時對不準位置,以至拉不上。你可以鼓勵孩子先把兩邊拉鏈分開,然後重複嘗試拉上幾遍,最後一定會成功!

哎唷！生活中到處都是細菌，怎麼辦？不用怕，只要我們學懂保持清潔，就可以遠離細菌！

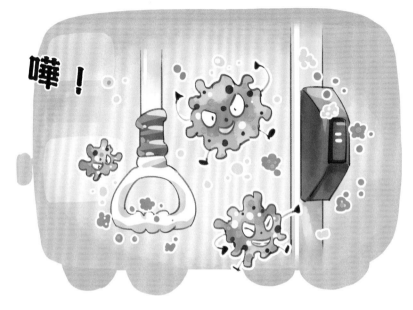

嘩！

嘩！

嘩！

細菌，無處不在！

洗洗手

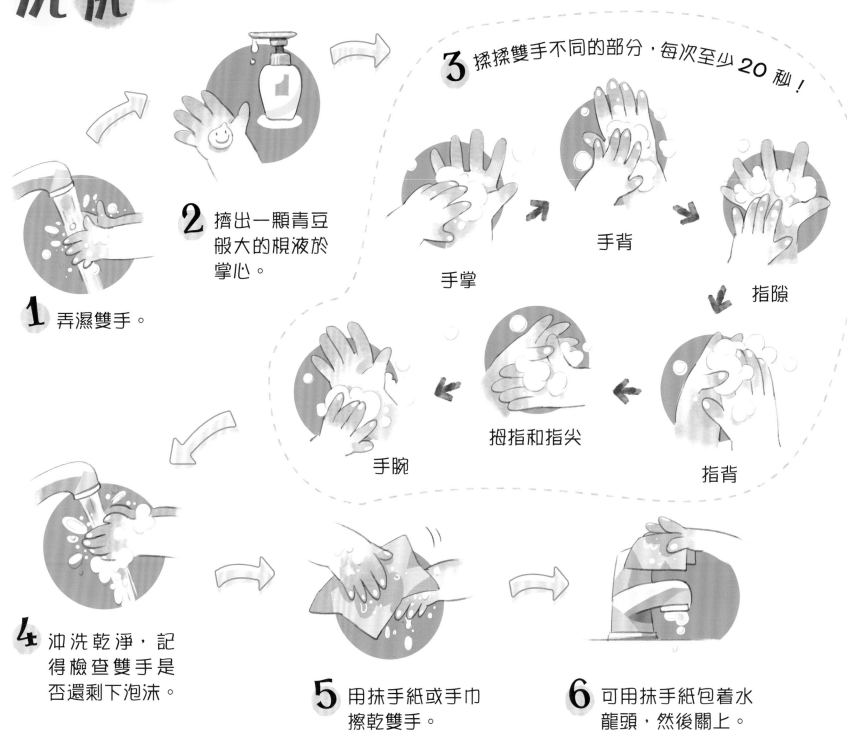

1 弄濕雙手。

2 擠出一顆青豆般大的梘液於掌心。

3 揉揉雙手不同的部分，每次至少 20 秒！

手掌

手背

指隙

指背

拇指和指尖

手腕

4 沖洗乾淨，記得檢查雙手是否還剩下泡沫。

5 用抹手紙或手巾擦乾雙手。

6 可用抹手紙包着水龍頭，然後關上。

洗洗臉

1 先把毛巾弄濕。

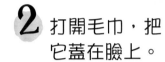

2 打開毛巾,把它蓋在臉上。

就像媽媽敷面膜!

3 用食指先抹內側眼角,然後是眼瞼,最後是眉毛。

不要被別人發現你偷吃啊!

4 抹抹兩邊鼻側及嘴巴,記得把兩邊嘴角多擦幾遍。

我們就是老泥!

5 最後抹抹你的額頭、兩邊面頰、兩邊外耳和耳背!

洗洗頭

嘩！水流又急又大，我要遮擋一下，慢慢習慣。

我先戴着泳鏡試試看，看得見東西，洗頭應該沒那麼可怕吧！

現在，我完全不怕洗頭，就讓水直接灑下來吧！

家長小提示

約 4 歲的孩子可以在你的陪伴下，嘗試學習自己洗頭。如果孩子感到害怕，可以先給他們戴上洗髮帽或泳鏡，讓他們看到洗頭的過程，同時避免洗髮乳走進眼睛，也可以習慣水流過頭和臉的感覺。在洗頭時，提醒孩子要嘗試以嘴巴呼吸啊！

看啊！你的眼前還會出現一個大瀑布！

1 扭開花灑，低下頭把所有頭髮向前撥，再沖洗你的後腦勺。只要不超過這個範圍，你還是可以呼吸的！

約一個 5 毫硬幣大小的分量便夠了。

2 擠出洗髮乳，在掌心揉搓 3 個圈，然後開始搓洗你的頭髮！

3 搓搓兩側，雙手同時打圈揉 10 次。

4 搓搓後腦勺，雙手同時上下揉 10 次。

5 搓搓頭頂，雙手同時打圈揉 10 次。

6 最後，你可以盡情地沖洗後腦勺的位置。記得請爸爸媽媽檢查一下，你是否把所有泡泡都沖洗掉啊！

如果你的頭髮很長，便需要再擠一次洗髮乳，搓洗頭髮，直至沖洗乾淨。

你還可以利用泡泡創作出不同的髮型！

學我嗎？

貓耳朵！

太空人！

軟雪糕！

海膽頭！

洗洗澡

小朋友，當我們慢慢長大，身體上有一些部位是不應該讓別人碰到的，所以你要學會自己清潔身體！

家長小提示

2至3歲的孩子開始發現自己跟別人不一樣，也同時對自己和別人的身體感到興趣。這時候，你可以讓孩子認識自己的身體部位，包括私隱部位，並學習自己清洗的方法。一般而言，5歲左右的孩子有自己洗澡的能力，但有些部位，例如：背部、頸部、耳後、屁股等則較難處理，需要你從旁協助清洗。到了6歲，孩子的能力增強，你可以嘗試讓他獨立洗澡了。

1 先把身體及雙手弄濕，然後關掉水龍頭。建議使用溫和的肥皂，用雙手摩擦肥皂直至少量泡泡出現。

2 用雙手順序搓洗：
耳背 → 頸 → 肩 → 手臂 →
腋下 → 胸前 → 肚子 → 背部。
每個部位大概搓洗 5 次，直至完成清潔上半身。

3 接着，我們可先冲身一次。

4 開始清潔下半身：使用溫和的肥皂，搓出少量泡泡，然後搓洗大腿、小腿和腳掌，腳趾之間也要記得清洗啊！

5 當清洗陰莖或陰部這些私隱部位時，最好用溫水輕輕搓揉啊！如果真的有需要，可使用溫和的肥皂來清潔。最後要把身體冲洗乾淨。

洗澡小貼士

清洗腋下：
舉起一邊手臂，然後用毛巾清洗腋下，記得兩邊腋下也要洗乾淨！

清洗兩肩：
交叉兩臂搓洗。

清洗背部：
用一條長方形浴巾，加上適量的肥皂泡沫，然後拿着浴巾兩端，來回擦背部。

清洗小屁股：

小屁股就像兩座相連的大山，中間的小洞就是我們排便的地方。我們一定要記得用清水洗淨這個小洞洞，但別太用力啊！

我是陰莖

男孩子清洗陰莖：

用拇指和食指輕輕拿着陰莖，把表層的皮膚向後退，直至看到圓圓的龜頭，再用溫水輕輕沖洗，這樣才能把平日積存在裏面的尿尿沖去！

女孩子清洗陰部：

陰部由兩座小山形成，中間是陰道和排尿的地方，這兩個地方都記得要用溫水輕柔地沖洗！

這是陰部

在家中，你也許只需放上兒童廁板，便能安全地上廁所了。但是如果在街外的話，那可怎麼辦呢？

「清潔安全」的上廁所方法

1 我們可以先找一個乾淨的廁格。

2 用少量紙巾把廁板放下，先抹一次廁板。

3 利用消毒濕紙巾或噴霧再清潔廁板一次。

4 鋪上即棄式廁板墊。

有些即棄式廁板墊可以掉進馬桶裏沖掉，有些卻不能，小心不要造成淤塞。

如果沒有即棄式廁板墊，你可以用紙巾這樣鋪。但不要踏在馬桶上，因為那是沒有公德心的行為啊！

5 上身向前傾，雙手按着兩邊廁板，這樣你便不會掉進馬桶裏了。

6 最後記得沖廁和洗手。洗手的步驟你已學過了，你還記得嗎？

AUNTIE VAN VAN 家長小提示

很多家長會盡量避免讓孩子使用公廁，因為公廁是病菌的溫牀，尤其當疫情肆虐的時候。可是孩子始終有生理需要，那麼家長可以怎樣做才是最好呢？

1. **隨身帶備消毒用品。**例如清潔消毒劑或噴霧、酒精消毒濕紙巾等，用來抹廁板或其他孩子會觸碰的地方。

2. **自備紙巾。**我們很難確保公眾地方的紙巾質素及衞生程度，家長宜讓孩子如廁後使用自備的紙巾抹乾淨。

3. **沖廁時，一定要先蓋上廁板才沖廁。**而小朋友的身高較矮，會更接近馬桶，倘若廁板未能緊閉，在沖廁時馬桶內的水多多少少會彈出來。所以家長最好先將孩子帶離廁所，讓孩子待在稍遠的距離才沖廁。

4. **徹底洗手。**上完廁所，家長一定要確定孩子使用肥皂或洗手液把手洗得乾乾淨淨（洗手步驟可參考第 13 頁）。

男孩子的上廁所方法

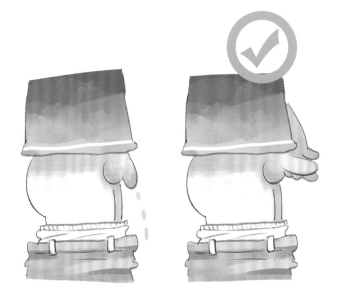

1 把內褲退到陰莖以下，但不要把全條褲子脫下來！

2 輕輕地用手把陰莖掃直。

3 用拇指及食指輕輕地握着陰莖，防止它在尿尿時左搖右擺。

4 瞄準尿兜或馬桶的去水位發射。

5 最後記得沖廁和洗手。

尿兜是專為男孩子而設的廁所，跟我們在家裏看到的馬桶不一樣！

無論是哪一種，你也要知道哪裏才是正確的發射目標！小朋友，記得瞄準去水位發射啊！

如果發射的目標錯了，不但會把廁所弄髒，還可能濺到衣服上和臉上啊！

喵嗚⋯

家長小提示
AUNTIE VAN VAN

如想訓練男孩子尿尿時瞄準去水位發射，你可以在紙巾上畫圖（例如畫上一隻怪獸），放進馬桶的去水位。然後可以請孩子瞄準、發射！孩子年紀尚幼的話，你可以在他如廁後，幫他用紙巾輕按陰莖，吸走多餘的尿液。

二 協助家務，就是幫忙！

小朋友，你學會了照顧自己的技能嗎？那就代表你已成長了一點！
現在，你可以嘗試做個家務小幫手了。

看！這些玩具是不是收拾得很整齊呢？你喜歡這樣子嗎？其實收拾很簡單，就是把東西分類放回原處。

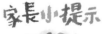 家長小提示

請孩子平日多觀察家中物品的分類，把同類的東西放進同一個籃子裏。而每次在拿取一件物品之前，請孩子先觀察物件原先是放在哪個位置，用完之後就能把它放回原處，那麼下一次便不會找不着了。

收拾玩具

你剛剛玩完家家酒遊戲，這些玩具應該放回下面哪個玩具箱裏呢？

小熊和小兔布偶

玩具餐具和食物

積木

27

整理衣物

小朋友，平日你的爸爸媽媽是怎樣收拾衣物的呢？你家中的衣物會怎樣分門別類放好？

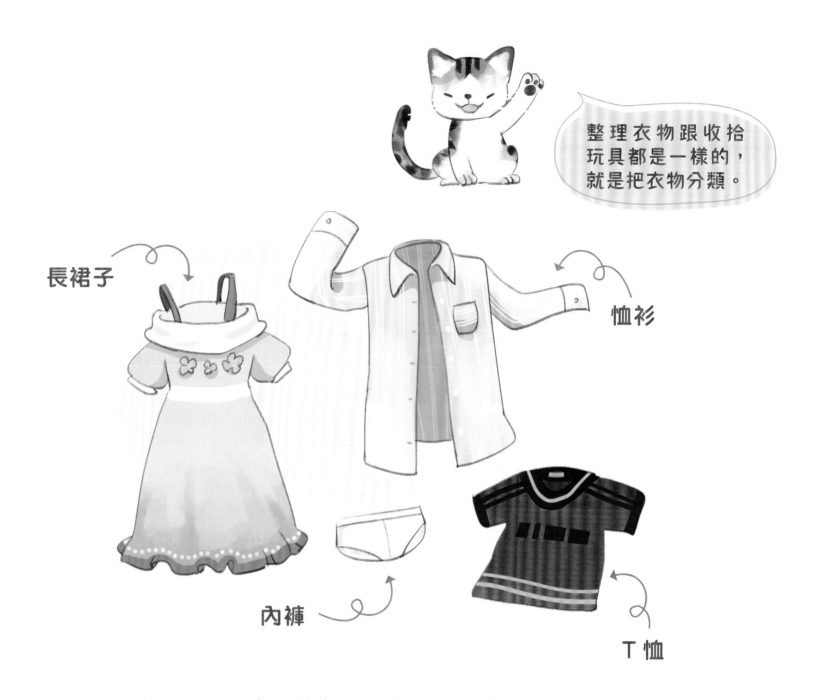

整理衣物跟收拾玩具都是一樣的，就是把衣物分類。

長裙子

恤衫

內褲

T恤

你知道這些衣服應放進左頁衣櫥裏的哪些地方嗎？

飯前預備

咕嚕咕嚕！肚子餓了，真的很想快點吃晚餐啊！
小朋友，你會怎麼做？

肚子餓了！
可以吃飯了嗎？

媽媽，讓我
來幫你。

讓我們動起來，
一起準備晚飯。

1 先數數吃飯的人數。

2 清潔餐桌，放上對應人數的餐具。

3 然後把椅子放在合適的位置。

4 協助爸媽端出飯菜（要聽成年人的指示及小心端出啊！）

你的家有多少人？你需要放多少張椅子呢？

飯後清理

吃飯後，你又可以幫忙做什麼呢？

1 先把餐桌上的所有餐具收集起來。

留意最大的碟子放在最下層，較小的碟子放在上面，然後碗放到最上層。

2 拿進廚房裏清洗。每次可以先把數隻碟和碗疊起來，記得只拿自己能夠承受的重量就好了。

這樣太危險了！

3 檢查餐桌和地面是否
有飯粒或掉下的餸菜。

如餐桌上有太多食物殘
渣,可先用紙巾包裹及
抹掉餸菜汁液,然後才
使用抹布清潔。

除了桌面,記得枱邊也
要清潔啊!

4 檢查自己身上是否黏有飯粒
或沾上餸菜汁液。記得也要
保持自己清潔啊!

家長小提示

吃飯後,可以請孩子幫忙收
拾用過的餐具,這樣不但能
加快收拾的過程,還可以有
時間一起多玩幾個遊戲或進
行其他活動呢!

清潔地面

無論你家裏是用掃把、吸塵機、紙拖把還是地拖來清潔地面，你可以像填顏色那樣幫忙清潔，這樣地板就會變得很乾淨了！

家長小提示
AUNTIE VAN VAN

家中的地板就像一張大畫紙，「畫紙」上分為不同的方格，當你吸塵抹地的時候，就跟填顏色一樣，要把方格內的每個地方塗抹一次，完成了一個方格便可以清潔另一個方格。

小朋友，你可以把方格填上顏色啊！

請你用手指跟着我的腳印次序走一走，清潔地板吧！

35

三　照顧家人，就是幫忙！

你的爸爸媽媽、兄弟姊妹、公公婆婆或爺爺嫲嫲，總是會關心你和照顧你。當他們需要你的時候，你也會幫忙照顧他們嗎？

爸爸累了，我要保持安靜，讓他休息。

照顧家人

照顧爸爸媽媽

你可以自己走路，不用爸爸媽媽抱，你也可以幫忙提東西。如果媽媽有了小寶寶……

媽媽，我可以自己緊握扶手站着，你坐吧！

照顧兄弟姊妹

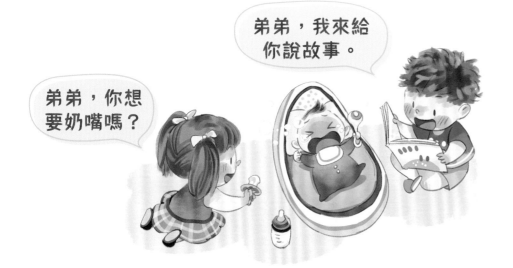

弟弟，我來給你說故事。

弟弟，你想要奶嘴嗎？

當弟妹哭了，你可以跟他們一起玩耍，或幫忙把需要的東西拿給他們。

哥哥，別怕。

當哥哥或姊姊跌倒了，你可以幫忙貼膠布和安慰他們。

照顧長輩

照顧生病的家人

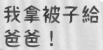

我拿被子給爸爸！

婆婆，這是你的藥油。

媽媽，給你一杯水。

媽媽，你身體好了一點嗎？

你還可以多陪伴和問候生病的家人。

照顧寵物

別忘了你的寵物也是你的「家人」。牠們總是會陪伴着你！
你也願意照顧牠們嗎？

陪伴牠們

幫忙清理排泄物

帶牠們看醫生

跟牠們玩耍

餵飼牠們

小朋友，你已學會了各種各樣的技能嗎？你找到自己能為家人做的事情嗎？那就從現在開始，發揮你的小小力量，跟家人合作，變出一個美好的家！

作者簡介

Auntie Van Van (Vanessa)

繪者簡介

ruru lo Cheng

社工系畢業，育有一子。為全職媽媽，教導患有自閉症兒童接近 20 年，兼職應用行為分析 (ABA) 老師，喜歡寫故事及說故事，致力透過兒童故事教育下一代。

Auntie Van Van 善於以紙雕的方式製作手作繪本，於 2015 年設立網上頻道 Auntie Van Van Production 分享原創故事及手作繪本、舉辦個人故事會及應邀到校提供家長講座。

Auntie Van Van 深信教育能改變未來，希望孩子們成為一個愛幻想、有夢想、會關心、知感激和懂體諒的人，長大成人後也不失這顆「溫暖的心」，這亦成為她的創作理念。

已出版的著作包括《那一天，我會飛》（2019）及《假如巴士有 10 層》（2020）。

Facebook 專頁：Auntie Van Van Production
Youtube：Auntie Van Van Production

ruru 畢業於舊金山藝術學院，是現居香港的自由接案插畫師。她的畫作風格靈活多變，會因應主題和需要而變化，並不會固守一種。

最近 ruru 主要為兒童及青少年讀物繪畫插圖。

我會！我會！成為家事好幫手

作　　　者：Auntie Van Van
繪　　　圖：ruru lo Cheng
策　　　劃：黃花窗
責任編輯：趙慧雅
美術設計：陳雅琳
出　　　版：新雅文化事業有限公司
　　　　　　香港英皇道499號北角工業大廈18樓
　　　　　　電話：（852）2138 7998
　　　　　　傳真：（852）2597 4003
　　　　　　網址：http://www.sunya.com.hk
　　　　　　電郵：marketing@sunya.com.hk

發　　　行：香港聯合書刊物流有限公司
　　　　　　香港荃灣德士古道220-248號荃灣工業中心16樓
　　　　　　電話：（852）2150 2100
　　　　　　傳真：（852）2407 3062
　　　　　　電郵：info@suplogistics.com.hk
印　　　刷：中華商務彩色印刷有限公司
　　　　　　香港新界大埔汀麗路 36 號
版　　　次：二○二○年十二月初版

ISBN: 978-962-08-7645-5
© 2020 Sun Ya Publications (HK) Ltd.
18/F, North Point Industrial Building,
499 King's Road, Hong Kong
Published in Hong Kong
Printed in China